Gilles Bachelet

Une histoire qui...

SEUIL JEUNESSE

Une maman très douce
Un bébé tout joufflu
Un doudou à moustaches...

Cet album, réalisé à l'initiative et avec le concours du Département de l'Ardèche,
a été offert à tous les bébés ardéchois nés en 2016 et 2017.

© Éditions du Seuil, 2016
25, bd Romain-Rolland, 75014 Paris
ISBN : 979-10-235-0623-5
Dépôt légal : janvier 2016 – Tirage n° 1
Loi 49-956 du 16 juillet 1949 sur les publications destinées à la jeunesse.
Tous droits de reproduction réservés.
Photogravure : IGS-CP (16)
Achevé d'imprimer en Italie en octobre 2015 sur les presses de Zanardi
www.seuiljeunesse.com

une chauve-souris

un poisson

un dragon

un extraterrestre

une tractopelle

un papa

… Une histoire qui pousse.

Un papa à moustaches
Un bébé bien au chaud
Un doudou au long bec…

... Une histoire qui fait fondre.

Une maman au long bec
Un bébé haut perché
Un doudou tout en cou…

... Une histoire qui voyage...........

Un papa tout en cou
Un bébé à carreaux
Un doudou qui se cache…

dure.

qui

histoire

... Une

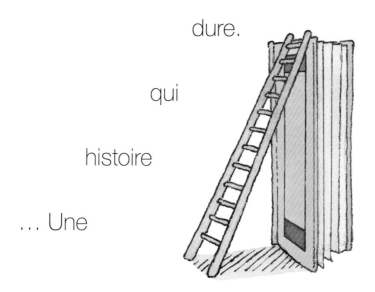

Une maman qui se cache
Un bébé en duvet
Un doudou à coquille…

… Une histoire qui naît.

Un papa à coquille
Un bébé qui sourit
Un doudou tête en bas...

... Une histoire .... qui .... s'balade ....

Une maman tête en bas
Un bébé tête en l'air
Un doudou aquatique…

… Une histoire

sans queue

(ni tête).

Un papa aquatique
Un bébé qui barbote
Un doudou qui crachote…

... Une histoire qui ondule......

Une maman qui crachote
Un bébé dans une grotte
Un doudou de l'espace…

... Une histoire qui scintille.

Un papa de l'espace
Un bébé qui babille
Un doudou mécanique…

... Une...........

histoire...............

qui......................

file...............................

Une maman mécanique
Un bébé tout sourires
Un doudou qui s'étire…

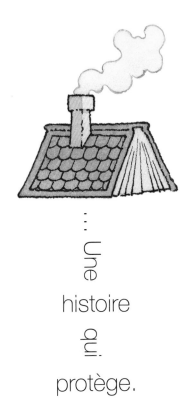

... Une histoire qui protège.

Un papa qui s'étire
Un bébé qui s'endort
Un doudou tout confort…

... Une histoire qui s'achève.

un panda

un morse

une cigogne

une girafe

une autruche

un escargot